Texto e ilustraciones de Florencia Cafferata

© SUSAETA EDICIONES S.A.
C/ Campezo, 13 - 28022 Madrid
Tel.: 91 3009100
general@susaeta.com
www.susaeta.com

LOS REYES MAGOS

susaeta

¡POR FIN LLEGARON LAS VACACIONES DE NAVIDAD!

Camila y Martín estaban muy contentos porque era su época favorita del año. Además, hacía poco había caído una gran nevada y el pueblo estaba especialmente bonito con la nieve, las luces y la decoración navideña.

Esa tarde los dos hermanos fueron al pueblo a echar en el buzón la carta para los Reyes Magos.

Uno de los planes preferidos de Camila y Martín en vacaciones
era ir a la pista de hielo que montaban en la plaza del pueblo.
Allí conocieron a sus nuevos vecinos: Amina, Jabari y el pequeño
Kalú. Eran tres hermanos que acababan de mudarse al pueblo.
Venían de un país africano donde siempre hacía calor.
¡Era la primera vez que veían la nieve!
Los cinco niños enseguida se hicieron amigos, y pasaron
una tarde muy divertida patinando y jugando con la nieve.

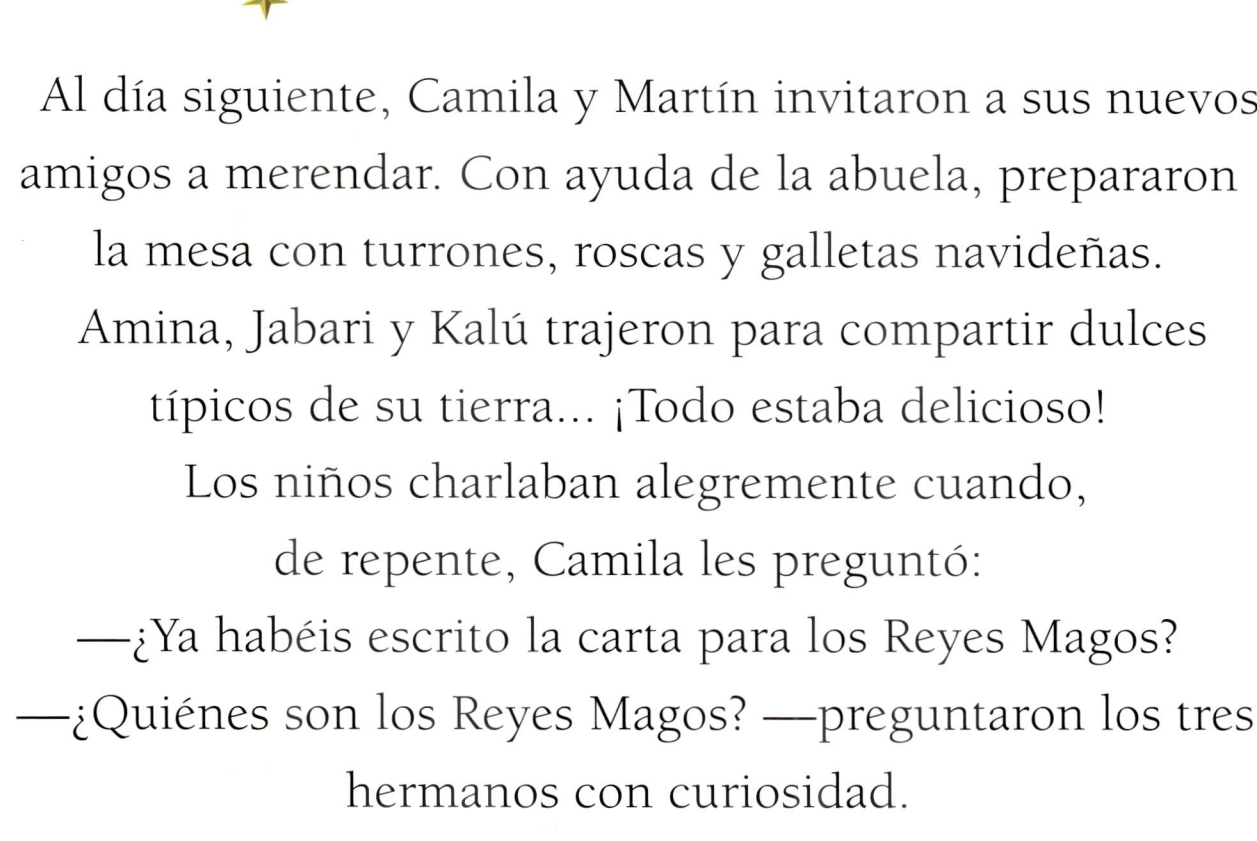

Al día siguiente, Camila y Martín invitaron a sus nuevos
amigos a merendar. Con ayuda de la abuela, prepararon
la mesa con turrones, roscas y galletas navideñas.
Amina, Jabari y Kalú trajeron para compartir dulces
típicos de su tierra... ¡Todo estaba delicioso!
Los niños charlaban alegremente cuando,
de repente, Camila les preguntó:
—¿Ya habéis escrito la carta para los Reyes Magos?
—¿Quiénes son los Reyes Magos? —preguntaron los tres
hermanos con curiosidad.

¡Vaya sorpresa se llevaron Camila y Martín!
Como sus amigos venían de un país con una cultura
diferente, no conocían la historia de los Reyes Magos.
—¡Ya es hora de que conozcáis a Melchor, Gaspar y
Baltasar! —dijeron, mientras llamaban al abuelo, que
lavaba los platos en la cocina.
—¡Abuelo, cuéntanos otra vez la historia de los Reyes
Magos! —Y el abuelo, que era un gran contador de
historias, se acomodó con los niños en el sofá
y comenzó a relatar...

Hace muchos años, existieron tres reyes que sabían leer las constelaciones. Vivían en lugares muy distantes: Melchor, en la región de Persia; Gaspar, en la lejana India, y Baltasar tenía su reino en África.

Una noche, estaba cada uno en su castillo, estudiando el cielo como de costumbre, cuando de repente vieron una estrella que era diferente a todas las demás pues brillaba con una luz especial.

Los reyes, que eran muy sabios y podían interpretar el lenguaje de los astros, se quedaron muy asombrados.

Después de consultar varios antiguos pergaminos, los tres llegaron a la misma conclusión: la aparición de esta nueva estrella era el anuncio de algo muy importante para la humanidad...

Los tres sabios decidieron seguir el rastro de esa estrella
tan brillante. Partieron cada uno desde su reino
y marcharon durante meses en solitario, hasta que,
en un punto del camino, se encontraron.

Compartieron sus conocimientos y acordaron seguir el viaje los tres juntos. Recorrieron campos, bosques, atravesaron ríos y montañas, hasta que llegaron al borde de un inmenso desierto. La estrella, de día y de noche, siempre guiaba su rumbo.

Cruzaron las dunas a lomos de sus camellos y después de muchos días llegaron a una pequeña aldea llamada Belén. Allí, en un pesebre, rodeados de animales, encontraron a María, a José y al niño Jesús, que acababa de nacer.

Melchor, Gaspar y Baltasar se arrodillaron conmovidos, sabían que ese nacimiento cambiaría la historia de la humanidad, ya que aquel niño traía un mensaje de amor y esperanza para todos.

Junto a la cuna dejaron tres regalos muy especiales: oro, incienso y mirra.

Muy alto en el cielo, brillaba la estrella que los había guiado hasta allí, y que por eso se la conoce como «la estrella de Belén».

Por la ventana se veía cómo caían los copos de nieve; dentro de la casa, el fuego chisporroteaba en la chimenea y los niños escuchaban boquiabiertos al abuelo:

Cuentan algunos que el niño Jesús estaba tan agradecido que otorgó a los tres reyes una pizca de magia y el don de vivir para siempre.

—Desde entonces —explicó Camila, que era muy sabelotodo—, los conocemos como «los Reyes Magos», y una vez al año, en la madrugada del 6 de enero, recorren las ciudades llevando regalos a todos los niños.

—¿Y por qué hay que dejar un par de zapatos para que los Reyes coloquen los regalos? —preguntó Martín.

—¡Esa parte de la historia es mi preferida! —dijo la abuela, que se había sumado al grupo. Y entonces el abuelo continuó con la historia...

La noche en que Jesús nació, dos niños que vivían en la aldea quisieron hacerle un regalo. Como eran muy pobres y no tenían muchas cosas, decidieron regalarle sus propios zapatos, que eran viejos y estaban cubiertos de polvo. Los niños se esmeraron en remendarlos y dejarlos relucientes… ¡hasta que parecieron nuevos!

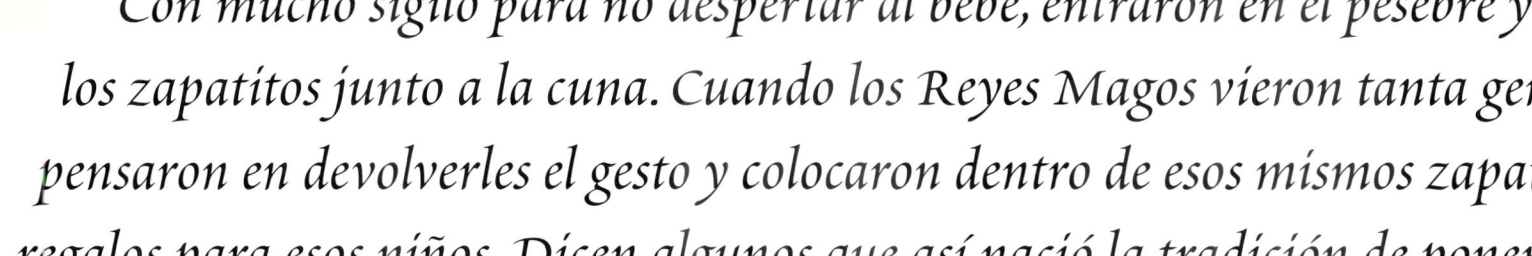

Con mucho sigilo para no despertar al bebé, entraron en el pesebre y dejaron los zapatitos junto a la cuna. Cuando los Reyes Magos vieron tanta generosidad, pensaron en devolverles el gesto y colocaron dentro de esos mismos zapatitos varios regalos para esos niños. Dicen algunos que así nació la tradición de poner los zapatos la noche anterior junto a la ventana para que los Reyes dejen sus regalos.

Amina, Jabari y Kalú decidieron que ellos también iban a escribir una carta a esos magos tan sabios y bondadosos, y volvieron corriendo a su casa para no perder ni un minuto, ¡todavía estaban a tiempo de enviarlas por correo! Pero, cuando comenzaron a pensar en qué pedirles a los Reyes, los tres hermanos se pusieron muy tristes, porque lo que más deseaban era estar cerca de sus amigos y familiares que ahora se encontraban tan lejos.

Kalú se imaginó entonces que los Reyes, con la ayuda de los camellos, podrían llegar hasta su aldea y sorprender a todos sus amigos con muchos regalos.

Queridos Reyes Magos:
Somos Jabari, Kalú y Amina. Estamos contentos de vivir en España pero echamos de menos a nuestros amigos, a nuestros primos, a los tíos y sobre todo a la abuela...

Les contó lo que pensaba
a sus hermanos y Jabari exclamó:
—¡Es una buena idea! ¡Vamos a pedirles a
los Reyes que les lleven regalos a todos ellos
de nuestra parte! ¡Así sabrán cuánto los
recordamos y los echamos de menos!
Y entonces Amina, que era la que tenía
mejor letra, comenzó a escribir la carta con
ese deseo tan especial.

El día de la cabalgata de Reyes, los niños fueron al pueblo para ver el desfile. Estaban entusiasmados, sobre todo Amina, Jabari y Kalú, que por primera vez iban a ver a sus majestades. Una banda de músicos acompañaba el paso de Melchor, Gaspar y Baltasar. Los Reyes Magos saludaban a la gente y repartían caramelos entre los niños.

Esa noche se desató una fuerte tormenta. Cuando llegó la hora
de dormir, Camila y Martín daban vueltas en la cama.
—Y si los Reyes no pueden llegar con tanto viento?
—susurró Martín.
—Y si los camellos se quedan atascados en la nieve?
—añadió Camila, preocupada.
Sus padres intentaron tranquilizarlos, pero los niños
no conseguían dormirse... Muy cerca de allí, Amina, Kalú
y Jabari también daban vueltas en la cama, inquietos...
Finalmente todos cayeron rendidos por el sueño.

La mañana del 6 de enero, Camila y Martín se levantaron muy temprano y se asomaron por la ventana. Ya había dejado de nevar y brillaba el sol; sobre la nieve vieron un montón de huellas de camello: ¡habían venido los Reyes Magos! Bajaron las escaleras corriendo y, junto al árbol de Navidad, junto a los zapatitos, encontraron los regalos.

Más tarde, toda la familia se reunió para celebrar el día de Reyes e invitaron a los nuevos vecinos: Amina, Jabari y Kalú, y también a sus padres. Los tres hermanos estaban muy contentos: la abuela había llamado desde África y les había contado que la aldea había amanecido llena de regalos, que nadie sabía muy bien de dónde habían salido, pero también les explicó que, alrededor, habían visto algo muy extraño: ¡huellas de camello!